Bienvenue dans le merveilleux royaume de la Thaïlande !

Dans ce carnet d'activités spécialement conçu pour les explorateurs de 6 à 10 ans, nous allons partir à la découverte d'un pays riche en culture, en nature spectaculaire et en aventures passionnantes.
Prépares toi à découvrir un monde enchanté de couleurs, de saveurs et de traditions exotiques.

Es-tu prêt à découvrir l'univers captivant de la Thaïlande où chaque page est une invitation à l'émerveillement ?!

Alors c'est parti !

envolvoyage

EST-CE QUE TOUT EST PRÊT POUR LE DÉPART ?

Colorie les objets que tu as préparé pour ton voyage

C'EST PARTI POUR LE GRAND VOYAGE !

Colorie et rempli tes billets d'avion

A quoi ressemble le visa de la Thaïlande sur ton passeport ?

C'est un grand voyage en avion, quelle aventure !

Retrace ton itinéraire et retrouve les pays où tu as voyagé sur cette carte du monde !

UN LONG VOYAGE...

Pour t'aider à te repérer dans les jours qui passent,
voici un petit agenda de voyage.

DIRECTION LA THAÏLANDE !

Est-ce que tu connais bien ce pays ?

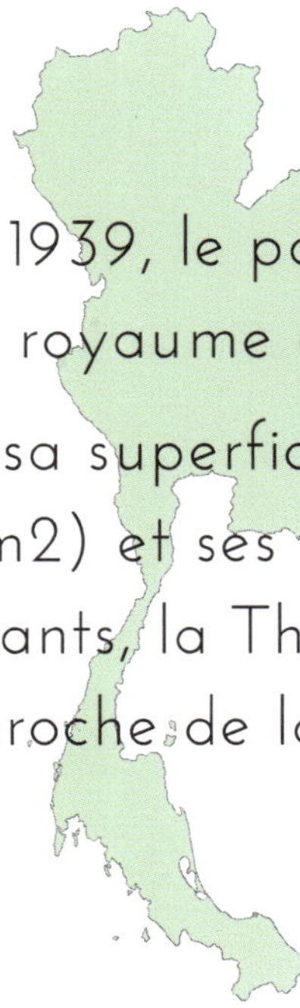

Avant 1939, le pays s'appelait le royaume de Siam

Avec sa superficie de 514 000 km2) et ses 70 millions d'habitants, la Thaïlande est très proche de la France !

Le drapeau de la Thaïlande a les mêmes couleurs que celui de la France

La religion principale est le bouddhisme, pratiquée par environ 95 % des Thaïlandais.

Une stupa, tu en verras plein ! .

On paie en Baht

1 € = 40 THB environ

Trace l'itinéraire de ton voyage

La capitale est Bangkok!

SAWAT DEE KHA

En Thaïlande, on parle… thaïlandais !

Prononcer SAWADIHA

Bonjour/Au revoir	Sawat dee kha
Merci	Kop khun kha
Pardon	Kho thot kha
Comment ça va ?	Sabai dee mai kha
J'ai faim/ j'ai soif	Hiou/Hiou nam
C'était délicieux	A rõi
Eau	Nam

Si c'est un homme qui parle, remplacer "kha" par "khrap" [krap]

L'écriture et la lecture s'effectuent de gauche à droite et de haut en bas. Les mots sont collés entre eux et les espaces sont utilisés uniquement pour séparer les phrases. La ponctuation est inexistante, il n'y a donc pas de points, de majuscules, de virgules et autres.

Voici les consonnes.
Chacune des ses lettres porte un nom,
composé du son et d'un mot contenant la lettre.
Quand on parle de ก,
on parle de Koo Kai, Koo (le son de la lettre K), Kai (poulet)
L'alphabet ci-dessous est composé comme ceci :
Lettre thaï / Lettre française / Nom de la lettre en phonétique

ก K Koo Kai
ข KH Khoo Khai
ฃ KH Khoo Khouad
ค KH Khoo Khwai
ฅ KH Khoo Khon
ฆ KH Khoo Rakang
ง NG Ngoo Nguu
จ DJ Djoo Djan
ฉ CH Choo Ching
ช CH Choo Chang
ซ S Soo Soh

ฌ CH Choo Cher
ญ Y Yoo Ying
ฎ D Doo Chada
ฏ T Too Pa Tak
ฐ TH Thoo Than
ฑ TH Thoo Montho
ฒ T Too Phu Tao
ณ N Noo Nehn
ด D Doo Dek
ต T Too Tao
ถ TH Thoo Thung

ท T Too Tahan
ธ TH Thoo Thong
น N Noo Nhuu
บ B Boo Baimai
ป P Poo Plaa
ผ PH Phoo Phung
ฝ F Foo Faa
พ PH Phoo Phaan
ฟ F Foo Fan
ภ PH Pho Samphao
ม M Mor Maa

ย Y Yor Yak
ร R Ror Ruea
ล L Lor Ling
ว W Wor Whean
ศ S Soe Sala
ษ S Sor Ruusii
ส S Sor Suea
ห H Hor Heep
ฬ L Lor Julaa
อ H Ho Hang
ฮ H HoNokhouk

L'alphabet thaï se compose de :
44 consonnes
32 voyelles
6 accents
10 chiffres
3 caractères spéciaux

LA FAUNE THAÏLANDAISE

Entoure les animaux extraordinaires que tu as croisé

Colorie les animaux de la Thaïlande

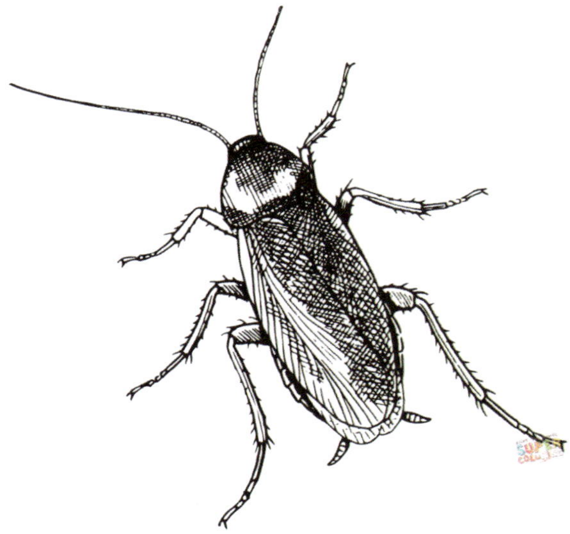

KÌ MONG LǼW ?

En Thaïlande, il y a 5h de décalage horaire avec la France

8H / __H

12H / __H

21H / __H

Quelle heure est-il en France quand
je suis en Thaïlande ?

À TABLE !

On mange beaucoup de riz en Thaïlande mais aussi des nouilles sautées : le pad thaï ! Miam !

crevettes

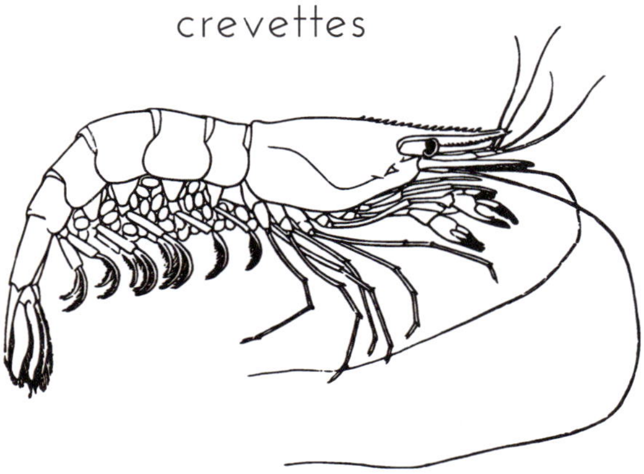

nouilles

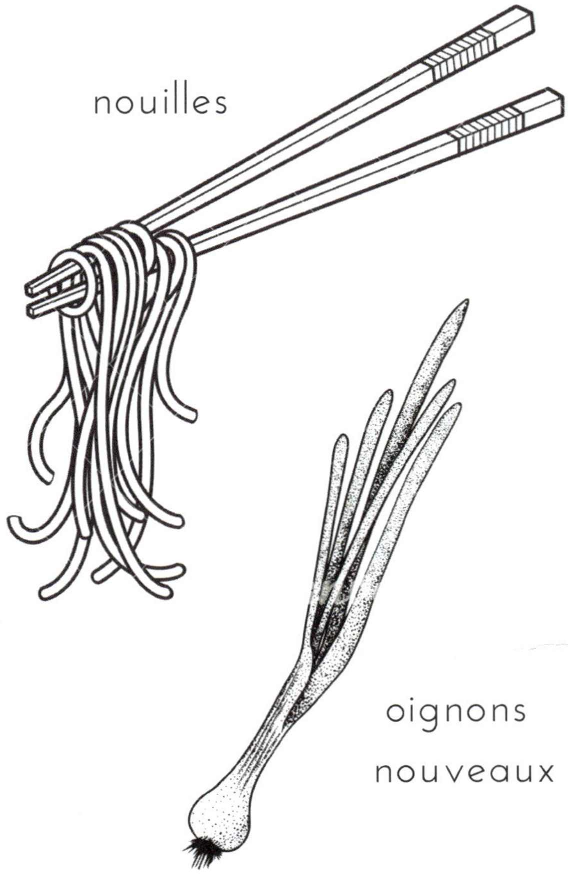

citron vert

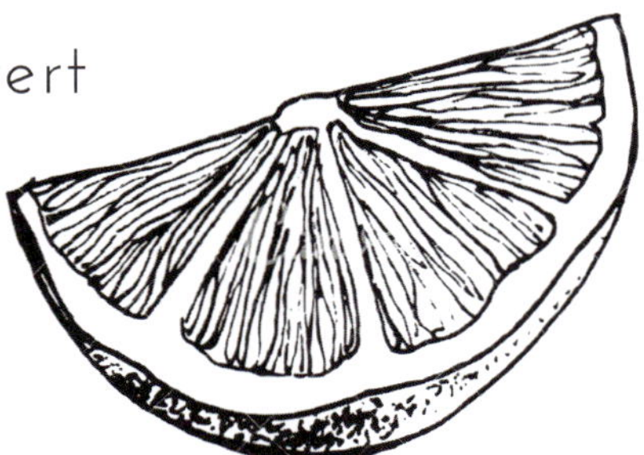

oignons nouveaux

beaucoup d'huile !

coriandre

BANGKOK

La capitale de la Thaïlande est un dédale de ruelles à parcourir en tuk-tuk ! Guide ton tuk-tuk jusqu'au quartier agité de Patpong...

Tuk-tuk vient du mot thaï "tuk" qui signifie "pas cher", que les chauffeurs répétaient pour appâter les clients !

Connais-tu bien Bangkok ?!

Combien mesure la statue de bouddha couché ?

Quelle distance parcourt le Chao Praya, le fleuve qui traverse Bangkok ?

Quelle taille mesure la plus haute tour de Bangkok, la King Power MahaNakhon ?

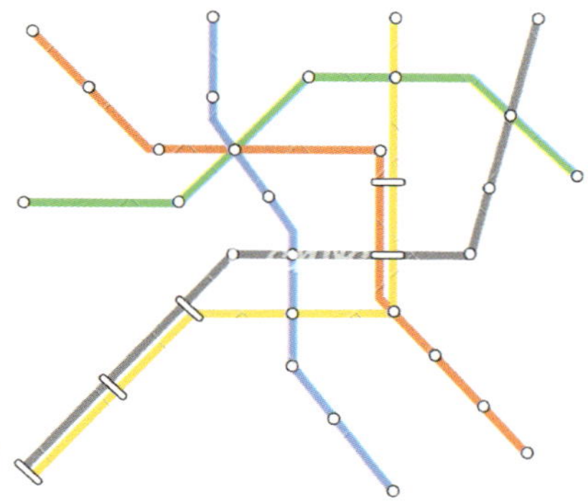

Combien y a-t-il de lignes de métro à Bangkok ?

Quel est l'autre nom de la boxe thaï ?

Réponses :
46 m
372 km
314 m
2 métro souterrains,
3 métro aériens
Muay-thaï

Amuse toi à colorier cette vue de Bangkok !

ON L'ADORE

Vajiralongkorn est roi de Thaïlande, sous le nom de Rama X, depuis le 1er décembre 2016.

Les thaïlandais sont très attachés à leur roi, ils répètent souvent "On l'adore" !

On te déconseille fortement de dessiner des moustaches sur cette photo, tu risquerais de passer un séjour en prison...
On l'adore !

CARTES POSTALES

Durant ce grand voyage, tu pourras envoyer de jolies cartes postales à ta famille et tes amis

Fais la liste des personnes à qui tu souhaites envoyer une carte postale

JOLIS SOUVENIRS...

Tu vas peut-être ramener des souvenirs de Thaïlande,
ils te rappelleront ton voyage.

Au fil de ton voyage, tu peux dessiner ou lister ici les souvenirs que tu ramèneras !

AYUTTHAYA

Ancienne capitale du Siam, désormais dédale de ruines, cette cité mérite que l'on se perdent dans ses vestiges...

1350

Fondée en 1350 ou 1351, elle est alors la capitale du royaume d'Ayutthaya, également appelé le Siam

1700

Elle figurait parmi les plus grandes cités du monde, avec près d'un million d'habitants

1767

Détruite par l'armée birmane

1991

Inscription au Patrimoine Mondial de l'UNESCO

20__

________ et sa famille visite la Thaïlande !

Les bâtonnets de fortune Thaïlandais

Tchik-tchik-tchik-tchik-tchik ....

Dans les temples d'Ayutthaya comme ailleurs en Thaïlande, tu entendras ce son parfois assourdissant. Il s'agit du bruit des bâtonnets de fortune.

Le principe est simple. Dans les temples bouddhistes, tu trouveras des petits récipients remplis de bâtonnets numérotés. Il faut secouer le récipient jusqu'à ce qu'un bâtonnet tombe au sol. Un seul. Sinon, il faut recommencer.

Alors, tu regardes le numéro indiqué dessus et il ne te reste plus qu'à trouver l'endroit où les fiches avec les numéros et les prophéties sont rangées, en général c'est un casier avec une case par numéro, et à lire celle qui correspond !

As-tu essayé les bâtons de fortune toi aussi ? Que t'ont-ils prédit ?!

SUKOTHAI

Parcours les vestiges de cette cité abandonnée à vélo et imprègne toi de cette ambiance magique...

L'énigme du nénuphar

Un nénuphar double de surface chaque jour.
Au bout de 100 jours, il a recouvert la totalité de l'étang.
Combien de jours lui a-t-il fallu pour recouvrir la moitié de l'étang ?

Le nom Sukhothaï signifie "Aube de la félicité" en pali

Réponse :
99 jours. En effet, sachant que sa surface double chaque jour, le nénuphar occupait la moitié de l'étang la veille du 100ème jour !

Mots-mélés à Sukhothaï

J	H	V	A	S	U	K	H	O	T	H	A	I	Z	U	Y	H	B	U	A
F	N	I	J	B	R	V	L	V	T	T	Y	G	V	N	X	Ç	X	Q	Ç
Q	E	E	K	P	R	D	H	S	Q	Q	R	F	H	E	Q	V	F	J	O
S	N	G	Ç	O	B	Ç	U	W	O	X	I	V	F	S	L	R	N	L	S
Q	U	I	H	G	D	P	O	L	E	S	U	I	C	C	H	O	E	M	B
Ç	P	W	N	S	B	W	U	L	C	T	I	V	B	O	D	G	J	M	R
V	H	E	P	X	Y	S	P	T	T	U	J	U	N	G	L	E	A	K	S
G	A	P	Ç	Y	T	M	A	F	H	P	F	L	E	U	R	R	Y	I	D
F	R	T	S	C	E	X	E	M	A	P	Ç	H	Y	F	Q	D	L	Q	Q
U	B	S	G	T	W	Ç	F	O	I	A	B	M	C	P	G	X	A	P	L
X	W	Q	R	X	A	L	F	I	L	R	R	O	B	W	A	Z	R	V	P
S	K	N	E	Ç	X	T	Ç	O	A	G	U	P	U	F	A	L	B	R	E
Ç	H	K	N	B	R	I	U	S	N	R	I	V	J	D	T	X	A	E	V
A	O	D	O	W	S	I	I	E	D	D	N	C	U	Y	H	U	Y	I	E
O	S	L	U	D	T	T	V	B	E	F	E	E	Q	W	S	A	V	V	S
T	P	N	I	I	B	G	Ç	I	A	C	S	N	Ç	C	Ç	I	Q	Q	T
E	V	J	L	U	V	T	Ç	O	E	X	I	K	B	N	Ç	A	N	I	I
Q	H	Y	L	C	Z	D	X	J	W	R	E	G	O	E	P	W	L	G	G
R	R	V	E	Y	G	Q	A	W	E	L	E	P	H	A	N	T	F	P	E
T	K	I	T	Q	S	S	Ç	O	U	X	R	W	C	T	U	J	Y	O	Ç

BOUDHA
ELEPHANT
FLEUR
GRENOUILLE
JUNGLE
NENUPHAR
PALAIS
RIVIERE
RUINES
SINGE
STATUE
STUPPA
SUKHOTHAI
TEMPLE
THAILANDE
UNESCO
VELO
VESTIGE

CHERCHE ET TROUVE EN THAILANDE

Ecris ici le nombre d'animaux et d'objets que tu vois sur la page suivante. Tu peux aussi les colorier !

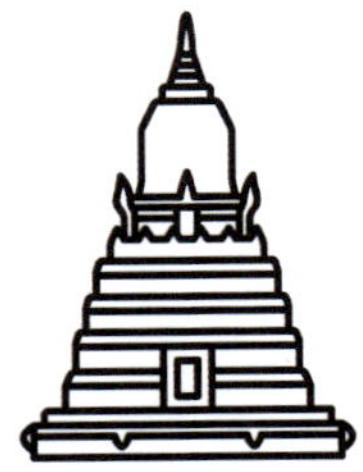

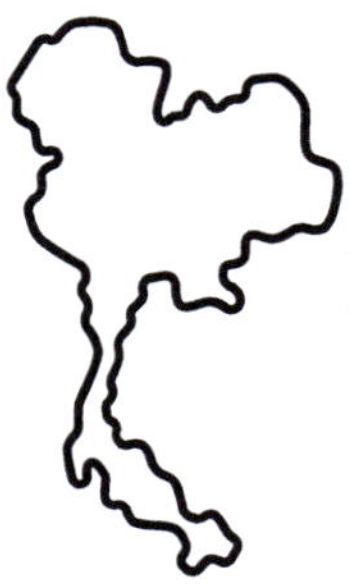

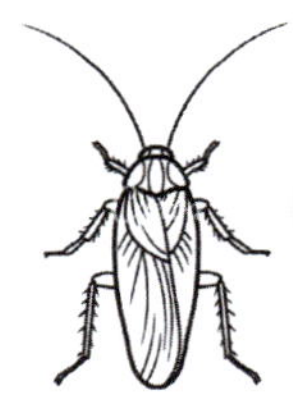

CHIANG RAI

Grande ville la plus au nord de la Thaïlande, elle est célèbre pour son temple blanc.

Sauras-tu reproduire la même image ?!

Retrouve les 7 différences entre ces deux images !

En Thaïlande, on peut observer plusieurs espèces de singes : les surilis, les macaques (on dénombre 6 familles différentes), les lutungs (2 familles) et les hylobates (4 familles), plus communément appelés les gibbons.

PHUKET ET LES ILES

Des films célèbres ont été tournés dans les paysages paradisiaques de Phuket et ses alentours... Lesquels ?

James Bond : L'homme au pistolet d'or - 1974

La Plage - 2000

Ne quitte pas la Thaïlande sans avoir assisté à un combat de boxe thaï !

Quelques exemples pour inspirer ton coloriage....

DES SOUVENIRS PLEIN LA TÊTE

Sur ces pages, dessines ou raconte les moments de ton voyage que tu as préféré, pour t'en rappeler longtemps.

De retour à la maison, tu pourras relire ce
carnet de voyage et te rappeler ce
merveilleux voyage !

Printed in Poland
by Amazon Fulfillment
Poland Sp. z o.o., Wrocław

34486370R10020